AF227704

LA RÉPUBLIQUE

ET

LE RÉGIME PARLEMENTAIRE

PAR

Albert CARETTE

ANCIEN DÉPUTÉ DE LA SOMME.

Deuxième édition

Prix : UN Franc.

PARIS

DENTU, ÉDITEUR

PALAIS-ROYAL, GALERIE D'ORLÉANS.

1887

LA RÉPUBLIQUE

ET

LE RÉGIME PARLEMENTAIRE

LA RÉPUBLIQUE

ET

LE RÉGIME PARLEMENTAIRE

PAR

Albert CARETTE

ANCIEN DÉPUTÉ DE LA SOMME.

Deuxième édition

Prix : UN Franc.

PARIS

DENTU, Éditeur

Palais-Royal, Galerie d'Orléans.

1887

Tous droits de traduction et de reproduction réservés.

AVANT-PROPOS.

Les pages qui suivent étaient déjà à l'impression quand une nouvelle crise ministérielle a éclaté. M. de Freycinet, président du Conseil, a dû donner sa démission et abandonner en même temps le portefeuille des affaires étrangères, au moment où son crédit personnel, sa connaissance approfondie des hommes et des choses, son expérience diplomatique pouvaient être le plus utiles à son pays. Le maintien de la paix générale tient à un fil et les différentes puissances sont, sur l'échiquier européen, comme autant de pièces qu'il faut faire manœuvrer avec une grande prudence et une dextérité consommée. En semblable occurrence, la chute inattendue de M. de Freycinet a été des plus regrettables, en même temps qu'elle était peu encourageante pour les Gouvernements qui peuvent être tentés de nouer avec le nôtre des combinaisons à la réussite desquelles une certaine persévérance est nécessaire.

M. de Freycinet n'avait cependant pas déplu, que nous sachions, à son chef nominal et normal, au président de la République. La Chambre des Députés elle-même n'avait formulé aucun reproche précis à l'endroit du ministre des affaires étrangères. Mais une majorité de rencontre, capricieuse et tyrannique comme tout ce qui est omnipotent, n'a pu résister au plaisir de donner au ministère un croc en jambe qui l'a jeté soudainement par terre. Le premier prétexte venu a suffi, sans qu'on se soit préoccupé un seul instant de la mauvaise impression qu'on allait produire sur le corps électoral et sur l'ensemble de l'opinion européenne. Après quoi la Chambre s'est montrée fort empêchée et M. Goblet, l'un des ministres démissionnaires, s'est trouvé fort à propos pour recoller les morceaux du cabinet disloqué, opération qu'il a exécutée de main de maître.

Nous aurions beau jeu à faire remarquer ici qu'avec le système représentatif, tel qu'il est pratiqué sur l'autre rive de l'Atlantique, la crise dont nous venons d'être témoins ne se fut même pas produite. La Chambre aurait remanié le budget à son aise, refusé même tout crédit au pouvoir exécutif pour l'entretien des Sous-Préfets : Le président de la République ne se fut pas cru obligé epour c motif d'introduire dans l'arène diplomatique, à la place de M. de Freycinet désarçonné, quelque nouveau cavalier qui risquât de s'y tenir beaucoup moins bien. Que ceci toutefois ne soit pas interprêté comme un mauvais présage.

L'opposition systématique est absurde. Le modeste auteur de cette brochure n'est donc pas un opposant systématique au régime parlementaire. Il souhaite de tout son cœur, au contraire, que la République trouve le moyen d'en tirer quelque chose de bon. Mais il est très sceptique à l'endroit des résultats favorables qu'une partie de la démocratie française espère en obtenir, et il croit avoir le droit de démontrer que ce revenant de 1815 et de 1830, quand la royauté chez nous est abolie, présente bien des dangers.

Janvier 1887.

LA RÉPUBLIQUE

ET

LE RÉGIME PARLEMENTAIRE

I

Un peuple n'est libre qu'à la condition de faire lui-même directement les lois positives auxquelles il sera tenu d'obéir, ou, si cela lui est le plus souvent impossible dans la pratique, à la condition d'être représenté législativement par une ou plusieurs Assemblées émanées de lui, sans le consentement desquelles ces lois ne puissent être faites. Cette proposition, de nos jours, a toute la force d'un axiome.

Mais pour qu'un peuple représenté législativement par des Assemblées se sente réellement libre, il faut que les pouvoirs de ces Assemblées, si librement élues qu'on les suppose, soient contenus dans de certaines limites. Ce n'est pas sans raison qu'un de nos plus brillants ministres actuels a écrit quelque part : « La tyrannie peut ne pas être le fait d'un homme choisi par ses concitoyens, elle peut être exercée également par les majorités toutes-puissantes qui sortent de l'élection... L'omnipotence des majorités, pour paraître plus légitime, peut ne pas être moins oppressive et devenir au contraire d'autant plus redoutable (1). »

(1) René GOBLET, *Autoritaires et Libéraux, Nouvelle Revue,* 1ᵉʳ Janvier 1883, p. 14.

Or qui ne voit que notre Chambre des Députés n'est pas seulement un rouage essentiel, comme cela doit être, mais qu'elle est devenue le rouage omnipotent de notre troisième République?

Entre mille inconvénients des plus graves résultant de cette omnipotence d'une Assemblée, signalons d'abord celui-ci : cette Chambre ne cesse de poursuivre les Ministres, chefs de notre autorité exécutive, d'interpellations incessantes et de leur faire perdre ainsi un temps précieux, qui serait mieux employé par elle à voter de bonnes lois et par eux à administrer le pays.

Il n'y a pas d'illusions à se faire sur les vrais motifs de ces interpellations à jet continu. Les esprits candides pourraient seuls les croire inspirées uniquement par l'amour du bien public. Neuf fois sur dix, le motif n'est autre que d'embarrasser nos administrateurs et de les attirer dans quelque piège, quand ce ne sont pas les ministres eux-mêmes qui se font interpeller par leurs amis pour prévenir leurs adversaires et afin d'avoir occasion de plaider *pro domo*. De l'intérêt réel du pays, qui se soucie, sauf le très-petit nombre? La grande préoccupation du parlementaire influent, n'est-ce pas avant tout de préparer la chute du ministre de l'heure présente, afin de pouvoir [prendre sa place? Et, dès lors, le principal souci du ministre en fonctions ne doit-il pas être de se défendre de son mieux et, pour cela, de ne pas déplaire, coûte que coûte, à la majorité du jour?

Ces luttes plaisent fort à un certain public spécial, composé surtout d'oisifs, de coureurs de places et de femmes à la mode, qui ne manquent pas d'assiéger le Palais-Bourbon le jour où le spirituel et incisif orateur X..., doit tomber le fameux ministre Z..., comme il assiège l'Opéra ou les Bouffes un jour de première. Ce genre de spectacle amuse évidemment beaucoup le

« tout Paris ». Réjouit-il autant la France qui ne sait jamais le matin, pendant la longue durée des sessions parlementaires, si les ministres, c'est-à-dire le seul pouvoir exécutif réel de la République, seront encore debout à six heures du soir ? Il est permis d'en douter.

Les de Broglie et les Buffet, véritables auteurs de la Constitution qui est censée faire notre bonheur, ont sujet de se réjouir. Ils savent que le suffrage universel est mobile comme les flots de la mer, surtout dans notre inconstante patrie. Si nous donnons pendant quinze ou vingt ans le spectacle décourageant de nos querelles de personnes et de notre impuissance à rien fonder de stable, ils peuvent espérer qu'à la faveur de la lassitude générale, naîtra un mouvement de réaction encore plus accentué que celui qui s'est déjà produit le quatre octobre 1885 comme un solennel avertissement. On en profiterait pour jeter la République par terre une fois de plus. Dans ce pays où tout semble possible, nous assisterions à une nouvelle restauration monarchique.

Le terrain apparaîtra comme merveilleusement préparé pour une semblable évolution, en attendant les catastrophes qui s'en suivraient sans doute, si nous démontrons que le mécanisme actuel de nos institutions convient justement très-bien à la monarchie tempérée et aussi mal que possible à une république libérale.

Reconnaissons d'ailleurs qu'à travers nos multiples révolutions et en dépit de réactions passagères plus ou moins violentes, nous marchons en France vers un avenir de plus en plus démocratique. La passion de l'Egalité a résisté, chez nous, à toutes les tentatives faites pour enrayer et même pour étouffer l'œuvre accomplie dans ce sens par la Révolution. L'amour de la Liberté, ce sentiment élevé et généreux entre tous, ne s'est généralisé parmi nous que plus tardivement et seulement comme une conséquence du développement de nos instincts égalitaires.

Ceux donc qui prétendent lutter en France contre le courant démocratique perdent leur temps et leurs peines. S'ils réfléchissaient un peu, en laissant de côté toute idée préconçue, à la manière de Descartes dans sa Méthode, ils s'apercevraient bientôt qu'ils sont eux-mêmes entraînés avec rapidité par le courant. Le catholicisme ultramontain, petit-fils de cette primitive église dans laquelle fut affirmé pour la première fois le principe de l'égalité entre tous les hommes, s'est engagé, au sein de notre vieille Europe, dans une lutte maladroite et désespérée contre la démocratie triomphante, de laquelle il est impossible qu'il sorte vainqueur.

Ce règne assuré de la démocratie, comment s'organisera-t-il définitivement en France ? Nous répèterons ici après M. de Tocqueville ces paroles plus à propos que jamais : « Suivant que nous aurons la liberté démocratique ou la tyrannie démocratique, la destinée du monde sera différente et l'on peut dire qu'il dépend aujourd'hui de nous que la République finisse par être établie partout ou abolie partout (1). »

« Les nations de nos jours, dit encore Tocqueville, ne sauraient faire que, dans leur sein, les conditions ne soient pas égales ; mais il dépend d'elles que l'égalité les conduise à la servitude ou à la liberté, aux lumières ou à la barbarie, à la prospérité ou aux misères (2). »

La démocratie, autrement dit l'égalité, s'imposera donc de plus en plus à nous et à nos descendants. Fonderons-nous la démocratie libérale, ou vaut-il mieux

(1) TOCQUEVILLE, *de la Démocratie en Amérique.* Avertissement de la 2e édition.

(2) *Ibidem,* IVe partie, chap. 8, *in fine.*

que nous nous abandonnions à la démocratie démagogique ou césarienne, ce qui est tout un, puisque la
démagogie conduit inévitablement à la dictature ?

Aux yeux de tous les Français éclairés, la réponse ne
peut être douteuse. La démocratie qu'il est désirable de
voir régner chez nous est la démocratie libérale ; c'est
seulement sous cette forme que tous les nobles esprits
la conçoivent.

Nous avons à nous demander si nos institutions politiques sont de nature à favoriser en France l'essor de la
démocratie libérale, ou si, au contraire, elles ne nous
conduisent pas fatalement à une sorte de démocratie
d'abord démagogique, puis bientôt césarienne, nous
faisant ainsi tomber d'un mal dans un mal plus grand.

II

On ne peut supprimer les passions humaines et, parmi
elles, la passion politique par excellence, l'ambition dont
Montesquieu a dit, en la prenant sans doute dans le
mauvais sens du mot, qu'elle « est pernicieuse dans une
République » (1). Si l'on y arrivait on n'aboutirait qu'à
supprimer la vie elle-même.

Les moralistes de l'antiquité, plus sages que certains
ascètes fanatiques du Moyen-âge, nous ont appris qu'il
fallait, non pas tenter de supprimer les passions, mais
les régler en leur donnant un but à la fois légitime et
utile.

Les institutions actuelles de la République tendent-
elles à contenir l'ambition des citoyens dans de justes
limites en lui donnant un but légitime et utile à la

(1) MONTESQUIEU, *Esprit des Loix*, L. III, Chap. 7.

patrie ? Jetons pour le savoir un coup d' œil rapide sur notre Constitution actuelle.

La Constitution de 1875, en tenant compte des modifications qui y ont été apportées depuis, confie le pouvoir législatif à deux Chambres appelées le Sénat et la Chambre des Députés.

Le Sénat est élu pour neuf ans, au scrutin de liste départemental, par un collège spécial composé d'élus du suffrage universel, tantôt au premier degré comme les Députés, les Conseillers généraux et d'arrondissement, tantôt au second degré comme les délégués des Conseils municipaux. Le Sénat est donc lui-même le produit du suffrage universel, tantôt au second, tantôt au troisième degré. Il se renouvelle par tiers de trois en trois ans.

La Chambre des Députés est élue pour quatre ans, au scrutin de liste départemental, par le suffrage universel direct. Elle est soumise, à l'expiration de son mandat, au renouvellement intégral. C'est de beaucoup la plus influente des deux Chambres.

Le pouvoir exécutif est confié nominalement par les deux Chambres, réunies à cet effet en un congrès, dans lequel les voix sont comptées par tête, à un Président nommé pour sept ans, qui porte le titre de Président de la République. Le Président, en apparence, choisit ses ministres, commande les forces de terre et de mer, exerce le droit de grâce et même, d'après la lettre de la Constitution, a le droit de dissoudre la Chambre des Députés avec le consentement du Sénat.

Mais la vérité est que, de par la Constitution elle-même, le Président est absolument désarmé et que ses principaux collaborateurs, qui ne sont autres que les chefs de la majorité du parlement ou ses représentants agréés par elle, exercent la plénitude du pouvoir exécutif sous les noms de président du Conseil et de ministres. Responsable de nom devant le Président de la République, le président du Conseil ne l'est en réalité, ainsi que les autres ministres ses collègues, que devant le Parlement dont il est, avec eux, l'incarnation et l'organe.

On voit déjà que le pouvoir appelé officiellement exécutif, en tant qu'organisme indépendant, est en fait annihilé, et que le Parlement s'est entièrement substitué à lui dans l'exercice de ses droits. Ses chefs attitrés, dont le choix est imposé au Président qui ne peut rien faire sans eux, pas même signer un acte sans leur contre-seing, ont, avec le pouvoir législatif qu'ils tiennent de leur mandat de député ou de sénateur et leur influence prépondérante sur la majorité, la totalité du pouvoir exécutif.

Le troisième pouvoir, le pouvoir judiciaire, subsiste-t-il au moins en dehors de l'autorité législative ? Il n'en est rien. Notre tribunal supérieur, la Cour de Cassation, n'a aucune autorité politique. Les Ministres-Législateurs dont nous venons de parler nomment eux-mêmes les juges, les récompensent par l'avancement et les punissent, soit par le *statu quo* quand la révocation ne peut lés atteindre, soit par la disgrâce. Ajoutons que nos ministres retiennent plus directement encore dans leurs mains une partie notable du pouvoir judiciaire, par l'institution particulière à la France des tribunaux administratifs (Conseils de Préfecture et Conseil d'État), composés de fonctionnaires à leur entière discrétion et dans lesquels l'administration est à la fois juge et partie.

On voit qu'en France la fameuse théorie de la séparation des pouvoirs, préconisée avec tant de force par les inspirateurs et les pères de la Révolution française, n'est plus aujourd'hui qu'un vain mot et que le seul pouvoir qui soit en réalité debout et qui absorbe

tous les autres est bien le pouvoir législatif et en parti-
culier la Chambre des Députés? Au despotisme d'un
seul, que nous avons connu sous l'Ancien Régime à
certaines époques, puis sous le premier et sous le second Empire, a succédé l'omnipotence du Parlement.
N'y a-t-il pas là pour l'avenir de la liberté un danger
réel? Peut-on d'ailleurs garantir que ce parlement, que
rien ne contrôle ni n'arrête en dehors de lui-même,
saura toujours s'inspirer des véritables intérêts du pays ?

Nous avons parlé de l'omnipotence des Assemblées
et non de celle des ministres, qui exercent en leur
nom tous les pouvoirs. C'est que l'autorité des ministres,
qui annule complètement celle du Président de la République, repose elle-même sur la base la plus précaire
et la plus fragile. Leur maintien aux affaires, en effet,
dépend uniquement du caprice des partis coalisés dans
le Parlement. Le ministère, tête véritable du pouvoir
exécutif, en même temps que de la majorité parlementaire, harcelé perpétuellement dans le sein des Chambres
dont il fait partie et dont il dépend, doit s'efforcer de
satisfaire tout le monde à la fois (sûr moyen de ne
contenter personne) et se tenir debout à peu près
comme un œuf sur la pointe. Il n'a pas trop de tous
ses moyens pour réaliser à chaque instant ce miracle
d'équilibre. Que l'on juge s'il peut lui rester beaucoup
de temps pour administrer sagement le pays, ce qui, le
mot l'emporte, devrait être la principale et même la
seule préoccupation des ministres.

Plus à même de se pénétrer de nos besoins réels, parce
que la Constitution lui laisse plus d'indépendance et
partant plus de liberté d'esprit, le Président de la Répu
blique ne peut, de son côté, que se croiser les bras en
déplorant son impuissance.

Quelque habileté qu'il mette à se défendre, tout ministre ne peut manquer d'être renversé bientôt du pouvoir, comme un enfant qui serait grimpé sur un tas de pierres et que ses petits camarades tireraient continuellement par la jambe. Cette instabilité du pouvoir, en multipliant pour chaque membre du Parlement les chances qu'il peut avoir d'y arriver à son tour, surexcite hors de toutes proportions raisonnables l'ambition déjà naturellement éveillée de nos députés et empêche qu'il ne puisse se constituer en faveur d'un ministère, si capable et si bien intentionné qu'on [le suppose, une majorité durable. La préoccupation de « tomber » les ministres debout l'emporte bientôt sur toutes les autres, au grand détriment de la chose publique.

Il en résulte dans la direction imprimée à notre politique intérieure et même extérieure, une instabilité perpétuelle qui tend à enlever au gouvernement toute autorité au dedans et toute influence au dehors.

On nous dira que ce système, sous son vrai nom de monarchie parlementaire, s'il n'a jamais produit que d'assez pitoyables résultats chez nous, fonctionne en Angleterre depuis des siècles et que les Anglais, jusque dans ces derniers temps, ne s'en sont pas trop mal trouvés.

On oublie que l'Angleterre, loin d'avoir été jusqu'ici une démocratie, comme nous le sommes devenus depuis un siècle, n'a été et n'est encore, politiquement et socialement, que la combinaison de trois aristocraties superposées : celle de la Famille royale, celle des Pairs, celle des Communes. On ne remarque pas assez combien les membres de ces aristocraties diverses sont à quelques exceptions près, (1) respectueux des anciennes

---

(1) Parmi ces exceptions, il faut mettre en première ligne le vieux Gladstone. Mais qui ne voit que la prépondérance d'hommes comme Gladstone aurait bientôt fait craquer de toutes parts la Constitution anglaise ?

formes et des vieilles traditions britanniques. L'influence naturellement conservatrice de l'aristocratie y tempère beaucoup la tendance à l'instabilité qui est de l'essence du parlementarisme. L'Angleterre est d'ailleurs arrivée à la forme actuelle de son gouvernement par une lutte lente et continue de ses lords et de ses bourgeois contre les prérogatives de la Couronne. Ceux-ci ont tenu à garder leurs rois, avec leurs titres et leurs honneurs héréditaires, en les plaçant peu à peu sous une rigoureuse tutelle exercée par eux-mêmes : contre-poids le seul efficace à un pouvoir sans terme, transmis par la naissance et qui, par principe, ne peut jamais être le prix du mérite personnel. La Constitution de la Grande-Bretagne, fort ébranlée d'ailleurs de nos jours par l'ascension de plus en plus marquée de la démocratie, n'a été qu'une résultante, une sorte de compromis entre des forces diverses et opposées, de sorte que tout s'y tempère assez heureusement.

En France, les conditions ont été tout autres. La monarchie et l'aristocratie de naissance, celle-ci encore plus profondément que celle-là, ont sombré à la fois dans le grand naufrage de 1789. Les nombreuses combinaisons imaginées depuis lors pour les remettre à flot ont successivement échoué, à la suite d'expériences plus ou moins longues.

Ayant fait table rase du passé, on a commis la légèreté ou l'imprudence, malgré le grand principe de la séparation des pouvoirs posé au début de la Révolution, de les laisser accaparer tous les trois par un seul. Tantôt c'est, comme aujourd'hui, une assemblée législative qui se les décerne à elle-même en concentrant dans un ministère émané d'elle et pouvant être renversé *ad nutum*, toute la réalité de la puissance exécutive et législative, et en omettant même de faire au pouvoir judiciaire la part d'indépendance et d'autorité politique qui devait lui être laissée en théorie. Tantôt c'est un ambitieux sans scrupule qui, profitant de la fatigue générale amenée par le régime ci-dessus, s'empare de la dictature et fait ratifier, après coup, son usurpation par les masses, toujours prêtes à se prosterner devant la force. Jeu de bascule extrêmement funeste au pays et qui menace de se renouveler indéfiniment si nous n'y prenons garde.

Il n'y a pas d'autre remède à cet état de choses que d'en revenir au principe tutélaire de la séparation des pouvoirs. C'est ce dont nous voudrions convaincre nos concitoyens et, à cet effet, nous ne nous bornerons pas à leur exposer simplement notre opinion, nous demanderons la permission de leur mettre sous les yeux, par quelques citations que nous 'abrégerons le plus possible afin de ne pas fatiguer le lecteur, celle de quelques-uns des hommes les plus compétents de la démocratie des deux mondes.

<h2 style="text-align:center">III</h2>

Commençons par le jurisconsulte, resté si célèbre, qui a été l'un des précurseurs de la Révolution française ; nous avons nommé Montesquieu :

« Pour qu'on ne puisse abuser du pouvoir, il faut que, par la disposition des choses, le pouvoir arrête le pouvoir (1).

» Lorsque dans la même personne ou dans le même corps de magistrature, la puissance législative est réunie à la puissance exécutive, il n'y a point de liberté parce qu'on peut craindre que le même monarque ou le

---

(1) MONTESQUIEU, *Esprit des Loix*, L, XI, ch. 4.

même Sénat fasse des lois tyranniques pour les exécuter tyranniquement.

» Il n'y a point encore de liberté si la puissance de juger n'est pas séparée de la puissance législative et de l'exécutrice. Si elle était jointe à la puissance législative, le pouvoir sur la vie et la liberté des citoyens serait arbitraire ; car le juge serait législateur. Si elle était jointe à la puissance exécutrice, le juge pourrait avoir la force d'un oppresseur. »

« Si la puissance exécutrice était confiée à un certain nombre de personnes tirées du corps législatif (1), il n'y aurait plus de liberté, parce que les deux puissances seraient unies, les mêmes personnes ayant quelquefois et pouvant toujours avoir part à l'une et à l'autre. »

« Si la puissance exécutrice n'a pas le droit d'arrêter les entreprises du corps législatif, celui-ci sera despotique : car comme il pourra se donner tout le pouvoir qu'il peut imaginer, il anéantira toutes les autres puissances. »

« Voici la constitution fondamentale du gouvernement dont nous avons parlé. Le corps législatif y étant composé de deux parties, l'une enchaînera l'autre par sa faculté mutuelle d'empêcher. Toutes les deux seront liées par la puissance exécutrice, qui le sera elle-même par la législative. »

« La puissance exécutrice ne faisant partie de la législative que par sa faculté d'empêcher, elle ne saurait entrer dans le débat des affaires (2). »

Ces considérations sont d'autant plus remarquables de la part de Montesquieu, qu'il les écrivait bien avant la Révolution. Reconnaissons qu'il a été bon prophète.

(1) C'est exactement ce qui se passe de nos jours.
(2) Montesquieu, *Esprit des Loix*, L. xi, ch. 6.

Veut-on maintenant l'opinion d'un autre Français qui porte l'un des noms les plus justement respectés de la démocratie moderne ? Écoutons M. de Tocqueville (1) :

« Les législateurs américains (il s'agit de la république des États-Unis) avaient une tâche difficile à remplir. Ils voulaient créer un pouvoir exécutif qui dépendît de la majorité, qui pourtant fût assez fort par lui-même pour agir avec liberté dans sa sphère...

« Le président est un magistrat électif. Son honneur, ses biens, sa liberté, sa vie répondent sans cesse au peuple du bon emploi qu'il fera de son pouvoir. En exerçant ce pouvoir, il n'est pas d'ailleurs complétement indépendant : le Sénat le surveille dans ses rapports avec les puissances étrangères, ainsi que dans la distribution des emplois : de telle sorte qu'il ne peut ni être corrompu ni corrompre. »

« On se garda de subordonner ses volontés à celles d'un Conseil, moyen dangereux, qui tout en affaiblissant l'action du gouvernement, diminue la responsabilité des gouvernants. Le Sénat a le droit de frapper de stérilité quelques-uns des actes du Président : mais il ne saurait le forcer à agir, partager avec lui la puissance exécutive..... »

« ..... Dans la main des sept Juges fédéraux (2) reposent incessamment la paix, la prospérité, l'existence même de l'Union. Sans eux, la Constitution est une œuvre morte ; c'est à eux qu'en appellent : le Pouvoir exécutif, pour résister aux empiètements du Corps légis-

---

(1) M. René Goblet, dans l'article cité plus haut, appelle le livre de M. de Tocqueville sur la Démocratie en Amérique « le plus utile et le plus beau peut-être qui ait été écrit dans ce siècle. » (p. 7).

(2) Ils sont aujourd'hui au nombre de neuf.

latif; la Législature, pour se défendre des entreprises du pouvoir exécutif; l'Union, pour se faire obéir des États; les États, pour repousser les prétentions exagérées de l'Union; l'intérêt public contre l'intérêt privé; l'esprit de conservation contre l'instabilité démocratique. »

« Les démocraties sont naturellement portées à concentrer toute la force sociale dans les mains du Corps législatif. Celui-ci étant le pouvoir qui émane le plus directement du peuple, est aussi celui qui participe le plus de sa toute puissance. On remarque en lui une tendance habituelle qui le porte à réunir toute espèce d'autorité dans son sein. Cette concentration des pouvoirs, en même temps qu'elle nuit singulièrement à la bonne conduite des affaires, fonde le despotisme de la majorité. »

— Tocqueville explique à la même place comme quoi les pères de la Constitution américaine ont admirablement paré à ces dangers par l'indépendance réciproque assurée aux pouvoirs législatif, exécutif et judiciaire. (1).

« Pour qui l'étude de la démocratie américaine serait-elle intéressante ou profitable, dit-il ailleurs, si ce n'est pour nous, qu'un mouvement irrésistible entraîne chaque jour et qui marchons en aveugles, peut-être vers le despotisme, peut-être vers la république, mais à coup sûr vers un état social démocratique ? (2) »

« Je regarde comme impie et détestable cette maxime, qu'en matière de gouvernement la majorité d'un peuple a le droit de tout faire et pourtant je place dans les volontés de la majorité l'origine de tous les pouvoirs. Suis-je en contradiction avec moi-même ?... »

(1) TOCQUEVILLE, *de la Démocratie en Amérique,* 1re partie, chap. 8 : Du Pouvoir exécutif.

(2) *Ibidem,* 11e partie, chap. 5.

« Il existe une loi générale qui a été faite ou du moins adoptée, non pas seulement par la majorité de tel ou tel peuple, mais par la majorité de tous les hommes. Cette loi, c'est la justice. »

« La justice forme donc la borne du droit de chaque peuple. »

« ..... Personne ne voudrait soutenir qu'un peuple ne peut abuser de la force vis-à-vis d'un autre peuple. Or les partis forment comme autant de petites nations dans une grande. Ils sont entre eux dans des rapports étrangers. »

« Si on convient qu'une nation puisse être tyrannique envers une autre nation, comment nier qu'un parti puisse l'être envers un autre parti (1) ? »

« Une Constitution qui serait républicaine par la tête et ultra-monarchique dans toutes les autres parties m'a toujours semblé un monstre éphémère. Les vices des gouvernants et l'imbécillité des gouvernés ne tarderaient pas à en amener la ruine, et le peuple fatigué de ses représentants et de lui-même, créerait des institutions plus libres ou retournerait bientôt s'étendre aux pieds d'un seul maître (2). »

Les critiques contre notre système de gouvernement abondent également dans les livres de Laboulaye, l'auteur si connu du *Paris en Amérique,* qui est cependant un parlementaire par essence. Écoutons-le plutôt :

« On eut dit que dans le projet de Constitution française (en 1848), nos modernes Lycurgues eussent fait exprès de prendre le contre-pied des idées américaines,

(1) *Ibidem* . chap. 7.
(2) *Ibidem,* IVe partie, chap. 6.

et que leur œuvre fût un démenti donné à la sagesse de Washington, un défi jeté à l'expérience des siècles. »

« Les questions qui nous partagent aujourd'hui sont les questions même qui divisèrent les fondateurs de la République américaine ; la déclaration des droits, l'indépendance du pouvoir exécutif, le maintien du pouvoir législatif dans ces bornes hors desquelles il dégénère en insupportable tyrannie. »

« ..... Comme nous, l'Amérique avait souffert de l'anarchie et ce mal lui venait de deux causes : l'absence d'un pouvoir exécutif fortement constitué, et l'omnipotence d'une assemblée unique.... Ce fut alors que l'immortel Hamilton, et Jay, et Madison, et tous les vrais amis de la liberté se réunirent pour sauver la patrie et firent nommer cette convention de 1787, qui rédigea la Constitution....... Ce dévouement produisit une des Constitutions les plus parfaites que connaisse l'histoire, et une de celles qui déjà a duré le plus longtemps. Deux Chambres, toutes deux peu nombreuses ; un Sénat mêlé sagement à l'administration ; un Président chargé de peu d'attributions, mais libre dans son action ; et enfin ce que nous n'avons jamais connu, un pouvoir judiciaire vraiment indépendant et assez fort pour maintenir dans le devoir les Chambres même, en les empêchant de violer la Constitution. Que de leçons pour nous dans cette loi dont nous connaissons si peu l'esprit (1) ! »

« Nous sentons tous que le pouvoir exécutif a besoin d'indépendance et que cependant le pays a droit à une surveillance de tous les instants. Depuis 1789, nous n'a-

____

(1) LABOULAYE (Ed.). *Histoire politique des États-Unis jusqu'à l'adoption de la Constitution fédérale.* — Paris, Durand, 1855. T. 1. Préface.

vons su qu'énerver l'autorité, ou la soustraire à l'influence des Assemblées. Notre administration a été tour à tour impuissante ou despotique. Les Américains ont résolu la question en rendant le Président indépendant de l'Assemblée, en mettant le Ministère à l'abri de l'action incessante et jalouse des Chambres ; et, d'un autre côté, ils ont assuré le droit du pays en mêlant à la haute administration par la diplomatie et la nomination des principaux fonctionnaires, y compris les ministres, le Sénat, corps peu nombreux, réunion des hommes les plus éminents de l'Amérique, pouvoir assez durable pour conserver la tradition et cependant se modifiant assez souvent pour se retremper dans l'opinion et avoir toujours pied dans le pays. (1). »

« La doctrine que le Parlement, le pouvoir législatif est tout-puissant, doctrine que nous avons empruntée à l'Angleterre qui n'a pas de charte écrite, nous met en présence de difficultés sans nombre....... L'Amérique n'a pas voulu que les deux Chambres, même d'accord avec le Président, se missent au dessus de la loi suprême. Le Pouvoir judiciaire est assez indépendant et assez fort pour contraindre les Assemblées et le Président à se renfermer dans leur rôle et à respecter la Constitution (2). »

« L'esprit de la Constitution américaine est plus général que celui de la loi anglaise, et se prête mieux à l'emprunt et à l'imitation ; elle est plus près de nous, comme la Société américaine est plus près de notre Société démocratique que ne peut l'être l'aristocratique Angleterre.... (3). »

(1) *Ibidem,* 1re Leçon, p 23.
(2) *Ibidem,* p. 25.
(3) *Ibidem,* 11e Leçon, p. 35.

« L'égalité, qui a passé des mœurs dans les institutions, est ce qui distingue le caractère américain du caractère anglais et ce qui, malgré la distance, met la Société américaine plus près de nous que la Société anglaise (1). »

« Depuis Montesquieu, nous répétons sans cesse qu'il y a trois Pouvoirs dont la séparation importe à la conservation de la liberté, mais qu'on me montre une Constitution (française) où la justice ait jamais été un pouvoir politique ? Comment, en effet, la chose serait-elle possible, quand on a établi que les Chambres sont le peuple et qu'on a mis dans leurs mains la souveraineté absolue ? »

« ..... Notre éducation politique est à refaire. Depuis 75 ans le monde a marché ; nous en sommes encore à des théories usées. Nos pères avaient une excuse ; ils ne savaient pas quels fléaux ces erreurs portaient dans leurs flancs ; mais nous qui avons l'expérience de tant de révolutions, ne devrions-nous pas être plus sages et nous faudra-t-il toujours aller à l'abîme par le même chemin ?... (2). »

« Un noble peuple s'est perdu par l'absence d'un pouvoir législatif et d'un pouvoir exécutif bien constitués. La Pologne a péri, non par l'incapacité de ses habitants, mais par l'impuissance de ses institutions politiques (3). »

« ..... De notre temps, la Suisse a constitué un pouvoir central, un pouvoir judiciaire à l'exemple des

(1) *Ibidem*, XVIIIe Leçon, p. 469.
(2) *Ibidem*, T. III, Préface, p. 9.
(3) *Ibidem*, VIIIe Leçon, p. 80.

États-Unis ; elle a pris pour modèle, depuis 1848, la Constitution fédérale et s'en est bien trouvée (1). »

« A la Constituante, Mounier a dit : Pour que les pouvoirs restent à jamais divisés, il ne faut pas qu'ils soient entièrement séparés ; en d'autres termes, il faut que chacun ait sa province, mais il ne faut pas un isolement absolu...... L'effet d'une parfaite division n'est pas de maintenir l'équilibre, mais de donner à l'un des trois pouvoirs la prépondérance. Pour que chacun d'eux reste dans ses limites, il faut qu'il soit tempéré, c'est-à-dire jusqu'à un certain point partagé. »

« La solution que les Américains ont adoptée les a satisfaits depuis 50 ans, tandis que depuis 70 ans nous avons choisi, ou du moins on nous a fait choisir dix à douze systèmes, sans parvenir à nous contenter.... (2) »

« Si on affaiblit outre mesure le pouvoir exécutif, l'anarchie monte à la surface. C'est là un des vices qui ont toujours fait échouer, dans notre pays, les réformes constitutionnelles et qui, notamment, ont empêché la République de s'établir (3). »

« Un pouvoir exécutif peut-il subsister s'il ne peut se défendre contre les empiétements du pouvoir législatif ? C'est une erreur en France de croire que le pouvoir législatif seul est le représentant du pays et qu'il peut tout (4). »

Empruntons aussi quelques citations aux études de *Droit constitutionnel de M. de Chambrun* :

« Dans une République, c'est le pouvoir exécutif qui

(1) *Ibidem*, p. 88.
(2) *Ibidem*, XIIIe Leçon, p. 315.
(3) *Ibidem*, XVIIe Leçon, p. 434.
(4) *Ibidem*,. p. 452.

est le plus difficile à organiser. Il faut qu'il soit vigoureux, capable de suffire aux nécessités du gouvernement,
et d'autre part, il ne doit pas être non plus un obstacle
au développement des libertés du pays. »

« Il semble au premier abord qu'il y ait presque contradiction entre des propositions si différentes et cependant, si elles ne peuvent se concilier, la République se
perdra dans l'arnarchie ou elle fera place au despotisme
militaire (1). »

« Les États-Unis ont eu raison de ne pas entourer le
Président d'un Conseil responsable à l'anglaise. Que
deviendraient les attributions essentielles du Président si,
élu par le peuple, il était contraint de s'entourer d'un
Conseil organisé dans le but de gouverner en son nom ?
.... S'il en était ainsi, l'autorité exécutive presque
entière aurait disparu. Le pouvoir suprême résiderait
alors dans le Congrès ; or c'est précisément ce que les
peuples démocratiques doivent éviter par dessus tout.
Si le rôle des assemblées politiques est encore assez mal
compris, la cause des erreurs commises à ce sujet est
facile à trouver : depuis près de cent ans, l'école constitutionnelle et parlementaire d'Europe a vécu en partie
sur la tradition anglaise. Sans doute, dans cette grande
monarchie d'Angleterre, le Parlement a pu occuper la
première place ; mais d'abord le pouvoir exécutif est
héréditaire et il ne peut être responsable ; ici donc rien
ne rappelle la Présidence élective. En second lieu, chez
les Anglais, l'autorité parlementaire s'est, depuis longtemps, concentrée dans un petit nombre de mains ; les
chefs des familles aristocratiques ont dirigé presque jusqu'à nos jours les affaires du pays. Combien sont diffé-

(1) Chambrun (de.) *Le Pouvoir exécutif aux États-Unis.* — In-8º.
Paris, Thorin, 1873. Introduction, p. 5.

rentes les conditions que fait une société démocratique aux assemblées législatives ? Celles-ci peuvent sans doute être très-aptes à voter des lois, à discuter les budgets des recettes et des dépenses....... mais l'histoire ne fournit presque pas d'exemples qui démontrent la capacité d'assemblées pareilles à gouverner le pays qu'elles représentent......... »

» Aux Etats-Unis, si la conduite des affaires devait passer dans le Corps législatif, il serait très-douteux qu'il en fît longtemps un bon usage ; le désordre ne tarderait probablement pas à se mettre dans la direction. Or, il ne faut pas l'oublier, surtout chez les peuples démocratiques, le désordre est essentiellement incompatible avec a liberté. Forcés d'opter entre l'anarchie et le despotisme, ls choisiront toujours la seconde alternative ; à cet égard, ils sont infiniment plus impressionnables que ne le sont les aristocraties ; c'est ce qu'avaient compris les constituants américains. »

« S'ils se sont résolus à écarter l'idée d'un Conseil responsable, ils ne l'ont fait qu'après de longs débats. Le système parlementaire anglais avait à leurs yeux un grand prestige et, s'ils ne l'ont pas imité, c'est qu'ils l'ont jugé incompatible avec l'existence d'un gouvernement républicain (1). »

« Les Américains estiment que le régime de la responsabilité ministérielle est incompatible avec l'existence même de la République (2). »

« Le gouvernement des États-Unis est aussi vigoureux que les circonstances peuvent l'exiger. L'autorité exécutive y est constituée de telle sorte que, dans les limites qui lui sont tracées, elle peut se mouvoir avec une

(1) *Ibidem*, p. 68.
(2) *Ibidem*, p. 257.

grande liberté ; mais les limites élevées autour d'elle sont solides. D'un côté, le Président rencontre le pouvoir législatif, de l'autre un pouvoir judiciaire fermement établi, et qui est presque toujours en mesure de faire respecter les droits des citoyens ; de l'autre, enfin, sont ces corps indépendants (les gouvernements d'États), qui échappent presque complètement à son action. Grâce à cette combinaison, le pouvoir présidentiel s'exerce avec intensité, suffit à tous les besoins des situations les plus diverses ; néanmoins, celui auquel il est confié peut être changé, parce que l'homme n'est pas devenu indispensable (1). »

« Il se peut sans doute que, dans un premier effort, des Assemblées fassent tout céder devant elles ; mais que la démocratie ne croie pas à la durée de leur succès ! Les corps délibérants ne tarderont pas à tomber dans l'impuissance et à se perdre par d'inévitables fautes. Ils continueront à se croire soutenus par le peuple quand celui-ci les aura depuis longtemps abandonnés, et un jour viendra où ils seront menacés de disparaître sans pouvoir presque comprendre pourquoi (2). »

Xavier Eyma, dans son histoire de la *République Américaine*, écrit de son côté :

« Dégagés de toutes les préoccupations politiques qu'entraînent si souvent les personnes, les Secrétaires d'État (Ministres) se trouvent placés dans une situation où ils sont forcés, avant tout, d'administrer les affaires publiques, ce qui est leur mission. On ignore aux États-Unis ces grandes crises si funestes et si fatales quelquefois que nous appelons questions de cabinet, et qui

(1) *Ibidem,* p. 288.
(2) *Ibidem,* p. 352.

peuvent mettre en péril tout un pays pour la satisfaction de l'ambition ou de l'intérêt de quelques hommes (1). »

« Cela a toujours paru aux Américains une chose monstrueuse et illogique, que cette participation forcée du pouvoir exécutif à la politique du pouvoir législatif par l'entremise d'hommes venant défendre devant les Assemblées des projets de loi qu'ils sont chargés d'exécuter ensuite; et ils ont toujours considéré comme souverainement immoral le vote que des ministres émettent sur leurs propres conceptions et sur leur conduite passée et à venir, se posant ainsi juges et parties, conséquemment s'amnistiant toujours (2). »

« Grâce à la séparation absolue des trois pouvoirs législatif, exécutif et judiciaire, les États-Unis ont résolu le double problème de la liberté la plus étendue avec la prospérité la plus rapide (3).

Désire-t-on maintenant connaître sur ces questions l'opinion des hommes les plus considérables de l'Union Américaine? — Prenons d'abord le célèbre jurisconsulte Story, qui fut, de son vivant, Juge à la Cour suprême des États-Unis, professeur et doyen de la célèbre université de Harward. Ouvrons ses *Commentaires sur la Constitution*, toujours en harmonie avec les décisions du grand juge Marshall, le flambeau de cette constitution (*expounder of the Constitution*), disent les Américains, et le guide ordinaire de leurs jurisconsultes. Laissons un instant la parole à Story :

« Dans l'établissement des gouvernements libres, la division entre des fonctionnaires différents des trois pou-

____

(1) Xavier Eyma. *La République américaine.* — *Paris,* Lévy, 1861. T. 2, p. 365.

(2) *Ibidem,* p. 370.

(3) *Ibidem,* p. 376.

voirs du gouvernement, l'exécutif, le législatif et le judiciaire, a été une idée favorite de nos hommes d'État,
et l'on a regardé comme un principe très-important que
ces pouvoirs devaient toujours être séparés et distincts (1). »

« M. Hume a fait remarquer avec une grande sa-
gacité qu'en général les hommes apportaient plus de
probité dans leurs affaires privées que dans les affaires
publiques et qu'ils iront plus loin pour servir un parti
que pour servir leurs intérêts personnels. L'honneur est
un grand frein pour le genre humain ; mais lorsqu'une
réunion d'hommes agit en commun, ce frein perd une
grande partie de sa force, parce que chaque individu est
sûr de l'approbation de son parti pour tout ce qui sert
l'intérêt commun, et il apprend vite à mépriser les cla-
meurs de ses adversaires. Cette opinion n'appartient pas
exclusivement à M. Hume, elle est la base des raisonne-
ments politiques des hommes d'État les plus éminents
dans tous les siècles, et le résultat d'une connaissance
approfondie des passions, des faiblesses, en un mot, de
l'histoire de l'humanité. Quand donc on veut défendre
les droits et les libertés du peuple contre toute usurpation et lui assurer en même temps les bienfaits d'une
Constitution libre, il est extrêmement important de
mettre un frein à l'exercice illégal du pouvoir législatif,
qui, dans tout gouvernement, est le pouvoir prédominant et le plus irrésistible (2). »

« On a généralement approuvé la clause de la Constitution qui exclut du Congrès toute personne occupant

____

(1) Story. *Commentaires sur la Constitution,* traduits par Pau
Odent, *Paris,* Joubert, 1843, T. I, ch. 7, p. 237.

(2) *Ibidem,* p. 242.

une place sous l'autorité des États-Unis et cela pendant tout le temps qu'elle sera en charge; on l'a toujours regardée comme la plus solide base d'une bonne administration politique... Cette exclusion se recommande encore puissamment en empêchant toute influence de la fonction sur le fonctionnaire et sur les personnes avec lesquelles il participerait aux délibérations. »

« On a attribué à l'absence d'une clause semblable la formation des partis qui divisent le Parlement anglais et leurs dissensions.... (1). »

« Ceux qui ont étudié l'histoire des différentes nations des temps anciens et modernes ont appris qu'un pouvoir exécutif fortement constitué est une des conditions d'un bon gouvernement. Un tel pouvoir est indispensable pour protéger efficacement le pays contre les attaques étrangères, aussi bien que pour assurer l'exécution des lois à l'intérieur, et pour défendre la liberté contre les entreprises de l'ambition et de l'anarchie..... Un pouvoir exécutif faible traîne à sa suite une administration faible, c'est-à-dire une mauvaise administration, et un gouvernement mal administré, quelque bon qu'il paraisse en théorie, est toujours dans la pratique un mauvais gouvernement. (2). »

« A quoi servirait de former les meilleurs projets d'administration, si le pouvoir exécutif passe incessamment dans d'autres mains et si ces projets sont continuellement changés avant d'avoir pu être appréciés ou jugés par le public (3)? »

« L'opinion générale, en Amérique, a décidé que le

(1) *Ibidem,* p. 364.
(2) *Ibidem,* T. II, L. III, ch. 38, p. 232.
(3) *Ibidem,* p. 237.

pouvoir judiciaire doit prononcer en dernier ressort sur la constitutionnalité des actes et des lois du gouvernement fédéral et sur ceux des États, en tant du moins qu'ils donneront lieu à un débat judiciaire. De là, il suit que quand ces lois et ces actes sont soumis à l'appréciation du pouvoir judiciaire de l'Union, le jugement doit être définitif; s'il en était autrement, les décisions judiciaires tomberaient dans le mépris et les pouvoirs législatif et exécutif domineraient exclusivement. »

« En résumé, les fondateurs de la Constitution, ayant ces deux principes devant les yeux, adoptèrent à l'unanimité deux règles fondamentales : 1° qu'un pouvoir judiciaire national devait être établi; 2° que le pouvoir judiciaire national devait posséder des droits aussi étendus que ceux du pouvoir législatif. (1). »

« Dans les républiques, ceux qui doivent profiter des troubles ou de la prédominance d'une faction sont toujours les ennemis déclarés d'une justice régulière et indépendante. Ils propagent toutes sortes d'erreurs afin de tromper l'esprit public et d'exciter les passions, car ils savent que, sans l'aide du peuple, leurs funestes projets seraient impuissants. »

« Dans de telles circonstances, il est évident que si la durée des fonctions judiciaires n'est pas permanente, les juges, devenus odieux par leur résistance au mal, ne tarderont pas à laisser la place à d'autres magistrats plus complaisants pour les démagogues en faveur. L'autorité judiciaire est la seule garantie des minorités paisibles...... (2). »

« En outre, l'indépendance du pouvoir judiciaire est

(1) *Ibidem*, ch. 41, p. 329.
(2) *Ibidem*, p. 337.

indispensable pour défendre le peuple contre les usurpations volontaires ou involontaires des pouvoirs législatif ou exécutif. La tendance du pouvoir législatif à absorber les autres pouvoirs du gouvernement a toujours été considérée par les hommes d'État comme une vérité généralement confirmée par l'expérience. Si les juges sont nommés à de courts intervalles, soit par le département législatif, soit par l'exécutif, ils seront certainement et forcément dans la main du pouvoir qui les nomme. S'ils désirent obtenir une charge ou la conserver, ils seront disposés à se mettre à la suite du pouvoir alors prédominant dans l'État et à lui obéir. La justice sera administrée d'une main défaillante, elle décidera conformément aux opinions du jour et oubliera que les préceptes de la loi reposent sur des bases immuables. Les gouvernements et les citoyens ne combattront pas alors à armes égales devant les tribunaux. Les favoris du jour effrayeront par leur pouvoir ou séduiront par leur influence. Ainsi sera tacitement désapprouvé et ouvertement violé ce principe fondamental dans toute république, qu'elle se gouverne par la loi et non par les hommes (1). »

« Personne, dans un gouvernement républicain, ne doute que la volonté du peuple ne doive être souveraine. Mais c'est la volonté réfléchie, manifestée par des actes solennels et non les transports accidentels d'une majorité passagère ou capricieuse (2).

« Le pouvoir judiciaire est en sûreté dans une république, lorsque les offices judiciaires sont tenus tant que dure la bonne conduite du juge ; et la justice sera ordinairement mieux administrée, là où l'indépendance est

(1) *Ibidem,* p. 338.
(2) *Ibidem,* p. 340.

plus grande. Parmi les constitutions des anciens États, cinq seulement sur vingt-quatre ont donné à la durée des fonctions judiciaires une autre limite que la bonne conduite du juge *(good behaviour)*; toutes, à l'exception de deux ou trois, ont adopté la permanence dans la durée des charges (1). »

« Tout ce qui précède nous mène à conclure que, dans les républiques, il y a de plus fortes raisons encore que dans les monarchies en faveur de l'indépendance des fonctions judiciaires. Assurément, une république, avec une constitution définie, mais sans un pouvoir judiciaire assez indépendant pour résister aux usurpations ou défendre la liberté et le droit privés, serait une chimère, une société organisée sans aucun frein légal... Le peuple peut, à sa volonté, remettre tous les pouvoirs à ses chefs temporaires ; mais alors on doit donner à ce gouvernement le véritable nom qui lui convient ; ce sera un gouvernement despotique, électif il est vrai, mais toujours despotique. Il deviendra plus arrogant, plus vindicatif et peut-être sanguinaire, parce qu'il nourrira dans son sein des factions incessantes qui ne pourront arriver au pouvoir que sur la ruine des factions rivales (2). »

Quelques extraits du célèbre recueil le *Fédéraliste,* dû à la plume de l'un des plus illustres fondateurs de la République américaine, le sage Hamilton, ne seront pas déplacés ici :

« La force du gouvernement est essentielle au maintien de la liberté. Dans l'opinion d'un esprit sain et éclairé, ces deux intérêts sont inséparables et une dangereuse ambition se cache plus souvent sous le voile

(1) *Ibidem,* p. 343.
(2) *Ibidem,* p. 344.

spécieux de l'amour du peuple, que sous l'apparence peu séduisante du zèle pour le gouvernement. »

« L'histoire nous apprend que la première de ces deux routes a, plus souvent que l'autre, conduit au despotisme et que la plupart des hommes qui ont détruit la liberté des républiques ont commencé par capter la bienveillance du peuple et se sont faits démagogues pour devenir tyrans (1). »

Dans le *Fédéraliste,* Hamilton établit clairement la nécessité de l'indépendance réciproque des trois pouvoirs exécutif, législatif et judiciaire. Il dit encore dans le même recueil (2) :

« Si, dans une République, tout magistrat doit être personnellement responsable de sa conduite officielle, non-seulement un conseil (tel qu'un ministère responsable devant le Congrès) n'est pas nécessaire, mais sa présence suffirait pour pervertir l'institution...... »

« Le principe républicain demande que l'opinion réfléchie de la communauté gouverne la conduite de ceux auxquels celle-ci a confié la direction réfléchie des affaires ; mais il ne peut exiger d'eux une complaisance aveugle ; l'Excéutif ne doit pas s'incliner devant toutes les crises passagères de la passion, ni se laisser entraîner par les impulsions irréfléchies que peuvent donner au peuple les intrigues des hommes qui flattent ses préjugés au détriment de ses intérêts..... Quand les intérêts du peuple sont en conflit avec ses inclinations, c'est le devoir de ceux qui ont été choisis afin de garder ces intérêts, de résister à des erreurs passagères ; ils doivent lui donner le temps indispensable à la réflexion. On pourrait

(1) HAMILTON, le *Fédéraliste.* Préface.
(2) *Ibidem.* Édition Dawson.

citer des cas où cette conduite a sauvé le peuple des conséquences de ses propres fautes et a mérité aux hommes qui ont eu le courage de lui déplaire en vue de le servir, des monuments durables de gratitude. »

« L'avantage du *veto* (1) ne résulte pas de ce que l'on suppose une vertu supérieure au pouvoir exécutif, mais de ce que le pouvoir législatif n'est pas infaillible. En confiant ce droit au Président, la Constitution entend lui donner d'abord les moyens de se défendre ; en second lieu, elle assure à la Société une chance de plus contre l'adoption d'une loi mauvaise... Mais ce n'est pas tout : la force et l'influence supérieure du Corps législatif dans un gouvernement libre et les hasards que courrait l'exécutif en essayant sa force contre lui constituent une garantie suffisante ; en général, le *veto* sera employé avec la plus grande précaution ; bien souvent l'exécutif montrera plus de timidité que d'audace dans l'exercice de ce droit (2). »

Laboulaye nous apprend que Madison, parmi les fondateurs de la République américaine, fut aussi l'un de ceux qui réclamèrent une organisation démocratique, avec un pouvoir exécutif énergique, deux chambres et un pouvoir judiciaire indépendant (3). »

Dans le même ordre d'idées Jefferson, le chef du parti démocratique d'alors, le collaborateur, parfois l'adversaire et plus tard le successeur de Washington, écrivait le 22 janvier 1797 : « Le principe fondamental de la

(1) On sait que le *veto* des Américains n'est que suspensif, ce qui est très rationnel. Le dernier mot, en matière de lois à faire, doit rester en définitive à l'autorité législative, quand, après avoir été mise à même par le pouvoir exécutif de revenir sur ses premiers votes, elle s'est affirmée de nouveau à une grande majorité.

(2) *Ibidem,* pp. 510 et s.

(3) LABOULAYE. *Histoire des États-Unis,* T. III, p. 245.

constitution est la séparation des pouvoirs législatif, exécutif et judiciaire..... C'est ainsi qu'elle doit être entendue et exécutée par tout ami d'un gouvernement libre. »

Le même Jefferson dit dans ses *Mémoires* en parlant des premières tentatives d'organisation fédérale : « La pratique avait fait ressortir les inconvénients du défaut de séparation des fonctions législatives, exécutives et judiciaires (1). »

Enfin, Washington, le père de la constitution américaine , dans son *Adresse d'adieu à ses concitoyens* en quittant le pouvoir, ne manque pas d'écrire : « Des expériences, tant anciennes que modernes, ont démontré la nécessité d'établir un système de contrepoids dans l'exercice du pouvoir politique en le partageant entre différents dépositaires dont chacun défend la chose publique contre les usurpations des autres (2). »

Pour revenir à la France et pour compléter cette série d'extraits, nous citerons quelques passages d'un remarquable travail sur les *Questions constitutionnelles* qui a paru il y a peu d'années et qui est dû à la plume de M. Alfred Naquet, aujourd'hui sénateur (3) :

« On a conservé la fiction de l'irresponsabilité du chef de l'État. Fausse sous la Monarchie, cette fiction l'est cependant bien plus encore sous la République, où le président n'arrive à la fonction suprême qu'il exerce que

---

(1) Xavier Eyma, *la République américaine,* T. 1, p, 335.

(2) *Ibidem,* p. 462.

(3) M. Alfred Naquet est l'un des rares hommes politiques de ce siècle restés partisans d'une chambre unique, comme en Grèce. Il reconnaît d'ailleurs que la séparation effective des pouvoirs et la suppression de la responsabilité ministérielle devant les chambres, constituent, quant à présent, des réformes plus urgentes que celle qui consisterait à supprimer le Sénat.

parce qu'il a été un homme politique, un chef de parti, à qui il devient bien difficile, une fois au pouvoir, d'oublier toute sa vie passée et de se draper dans une complète indifférence. On a laissé au chef du pouvoir exécutif le droit de nommer et de révoquer les ministres, en même temps qu'on accordait aux chambres la faculté de les renverser en les mettant en minorité soit individuellement, soit collectivement ; on a partagé l'initiative des lois entre le gouvernement et les membres de l'une et de l'autre chambre ; enfin, on a établi comme règle, sinon comme obligation, que les ministres seraient pris dans les chambres, qu'ils auraient leur entrée non-seulement dans celle dont ils font partie, mais dans l'une et dans l'autre indistinctement, qu'ils pourraient y défendre les projets émanés d'eux, et y défendre ou y combattre les propositions de loi émanées de l'initiative parlementaire, qu'en un mot une très-large part leur serait faite dans le travail législatif........ »

« En même temps que l'on donnait ainsi aux ministres le droit de s'immiscer d'une manière constante dans la législation, on accordait aux députés et aux sénateurs celui de faire des interpellations et de s'immiscer, à leur tour, dans l'administration intérieure comme dans la politique extérieure du gouvernement. Si bien qu'il y a une véritable confusion de toutes choses, et que le fameux principe de la séparation des pouvoirs, auquel si volontiers on rend hommage, est absolument méconnu. »

« ..... Pour établir un pareil système, il a fallu tourner le dos et aux traditions de la Révolution française et aux traditions de tous les peuples républicains d'Europe ou d'Amérique.... (1). »

(1) Alfred NAQUET. *Questions constitutionnelles.* *Paris,* Dentu, 1883, pp. 69, 70, 71.

« Les principaux défauts du régime actuel sont de pousser à l'excès l'instabilité gouvernementale, de transformer perpétuellement les questions de législation en questions ministérielles, de favoriser l'immixtion permanente des membres du Parlement dans l'administration du pays, si bien que, par une interversion funeste de toutes les règles naturelles, c'est le pouvoir législatif qui administre et le pouvoir exécutif qui légifère (1). »

« Aucun conflit ne serait possible si, les pouvoirs étant nettement séparés, la puissance effective résidait dans le chef du pouvoir exécutif en même temps que la puissance nominale, et si les ministres choisis par lui étaient réduits, sous son autorité, au rôle d'administrateurs, d'agents d'exécution des décisions du parlement, à l'action directe duquel ils cesseraient d'ailleurs d'être soumis (2). »

« Pour que le gouvernement soit à l'abri des fluctuations que nous voyons se produire depuis douze ans et qui, si elles duraient, en paralysant toute action administrative, toute tradition de politique extérieure, tout progrès réel dans la législation, ne manqueraient pas, aux yeux des populations ignorantes de la véritable cause du mal, de compromettre la République même, il faut qu'il n'ait pas à se préoccuper de la majorité qui se noue ou se dénoue dans le Parlement ; il faut que les Assemblées, quand elles discutent un projet, n'aient pas à se préoccuper non plus de l'effet que produira leur vote au point de vue du renversement ou de la consolidation du ministère (3). »

« Un des vices de notre système actuel est d'exiger

(1) *Ibidem,* p. 75.
(2) *Ibidem,* p. 80.
(3) *Ibidem,* p. 92.

qu'un ministre soit un orateur politique, un parlementaire, alors que les qualités qui sont nécessaires pour diriger un département ministériel sont surtout des qualités administratives. Un homme peut posséder un grand talent d'administrateur et être en même temps un orateur plus que médiocre. Il peut, au contraire, conduire détestablement un ministère et être capable de parler devant les Chambres avec talent, avec éclat. »

« Et cependant, à cette heure, ce qu'on demande surtout à un ministre, c'est de bien parler. Cela se conçoit, c'est par la parole que l'on acquiert de l'autorité dans les Assemblées, et comme le ministère est le prix de cette autorité, il va de soi que c'est par le talent de la parole qu'on y parvient. Quant à l'administration elle ira comme elle pourra : les bureaux sont là..... »

« Il en irait tout autrement si les ministres cessaient d'être des hommes politiques proprement dits, pour devenir de simples administrateurs, de simples agents d'exécution. On arriverait au ministère comme on arrive au Conseil d'État ou à une préfecture. Les intelligences s'orienteraient. Ceux-là opteraient pour le mandat législatif qu'attireraient les succès de la tribune, les autres rechercheraient de préférence le ministère, que le travail administratif séduirait davantage. Il se ferait un départ entre les capacités, dont profiteraient à la fois le gouvernement et les Chambres. La division du travail est la loi du progrès en toutes choses, et ceci serait l'application de la division du travail à la politique. »

« Ajoutons que les ministres auraient du temps à eux tandis qu'à cette heure ils n'en ont pas, partagés qu'ils sont entre les délibérations du conseil et les séances des Chambres. Tous leurs instants sont pris et c'est seulement pendant les·vacances parlementaires qu'ils peuvent travailler d'une manière efficace (1). » ·

M. Alfred Naquet prouve que dans aucune république moderne (il cite les États-Unis, le Mexique, le Chili, le Costa-Rica, le Paraguay, le Venezuela, la Suisse) on n'a eu l'idée de constituer un pouvoir exécutif éphémère sans cesse soumis aux fluctuations et au caprice des Chambres. « Pourquoi donc seule entre toutes les Républiques et au mépris de ses propres traditions (M. Naquet l'établit), la France maintient-elle un régime bâtard qui prend de l'Angleterre et de l'Amérique juste ce qu'il faut pour rendre le système non viable ? Et si une telle organisation a été rêvée et exécutée par les monarchistes de 1875 en haine de la République (2), pourquoi les républicains, maîtres du terrain à cette heure, ne reviennent-ils pas aux principes recteurs de tout gouvernement démocratique (3) ? »

« Un ministère responsable n'est pas une garantie contre les coups d'État. Aux termes de la Constitution de 1848, le général Saint-Arnaud était un ministre responsable ; cela ne l'a point embarrassé lorsqu'il s'est agi de diriger contre l'Assemblée nationale et contre le peuple les baïonnettes de l'armée de Paris ? Vingt-six ans plus tard, au 16 mai, M. Jules Simon était un ministre responsable ; cela a-t-il empêché M. de Mac-Mahon de le révoquer pour confier les affaires à MM. de Broglie et de Fourtou ?...... »

« En France, cinq coups de force par en haut ont été

<hr>

(1) *Ibidem,* pp. 107 et 108.

(2) Le prince Napoléon, dans sa protestation du 6 juin 1886 contre le projet d'expulsion des princes, écrivait aussi : « Votre Constitution (celle qui nous régit) a été établie par des royalistes pour un Roi dont on croyait l'avènement prochain. »

(3) Alfred NAQUET. *Questions constitutionnelles,* p. 113 et *passim.*

tentés depuis la Révolution, le 18 fructidor, le 18 brumaire, les ordonnances de juillet, le coup d'État du 2 décembre et l'aventure du 16 mai..... Un seul, le 18 fructidor, a été entrepris par un gouvernement représentatif sans responsabilité ministérielle, trois l'ont été, au contraire, par des gouvernements qui offraient au pays la garantie de cette responsabilité, et de ces trois, si deux ont avorté, c'est à des causes tout autres que cette prétendue garantie que la France le doit. C'est qu'en effet, ce qui rend possible les coups de force, c'est bien moins la manière dont les pouvoirs publics sont constitués que l'état de l'opinion.... (1). »

« Voilà pourquoi le parlementarisme n'est une garantie ni contre les coups d'État, ni contre les Révolutions. Voilà même pourquoi il est un danger à ce point de vue. Le système américain, au contraire, en faisant jouir le pays d'un gouvernement stable, et en lui donnant ainsi les satisfactions auxquelles il a droit, éloigne toute éventualité du renversement violent de l'état républicain (2). »

« Le régime de la séparation des pouvoirs est tout aussi compatible avec notre situation qu'avec celle de l'Amérique (3). »

Enfin, donnons un moment la parole à M. Andrieux, qui, dans un discours prononcé à la Chambre des députés, en 1883, faisait ressortir en ces termes l'étrangeté de notre régime :

« Quelles sont, en matière constitutionnelle, les tra-

(1) *Ibidem,* pp. 117 à 119.
(2) *Ibidem,* p. 121.
(3) *Ibidem,* p. 123. Voir aussi les articles écrits sur le même sujet, par M. Alfred Naquet, dans le journal *L'Estafette,* en août et septembre derniers.

ditions républicaines? Quel fut l'idéal constitutionnel de la Révolution française ? Cet idéal ne répondait en aucune façon au système parlementaire, au système anglais de la responsabilité ministérielle. Si nous nous reportons à cette époque, et depuis 1789, point de départ de notre droit moderne, nous ne trouvons aucune trace de parlementarisme. Nous trouvons, ce qu'il ne faut pas confondre avec le régime parlementaire, le système représentatif. Ce qui distingue ces deux conceptions constitutionnelles, c'est essentiellement l'idée de la séparation des pouvoirs, proclamée par la Révolution française, inscrite dans la déclaration des droits et constamment méconnue dans le système anglais. »

« Le système du parlementarisme ne s'est introduit chez nous qu'en 1814, avec la monarchie... »

« Il n'y a pas lieu de s'étonner dès lors si la Constitution de 1875 a été votée par des hommes tels que MM. Bocher, le duc de Broglie, Buffet, tandis que MM. Jules Grévy, Edgard Quinet, Louis Blanc, Madier de Montjau, Martin Bernard, Peyrat et d'autres républicains éprouvés votaient contre le système de la République parlementaire. »

« A la dissidence d'opinions qui divise déjà si profondément le parlement, il faut ajouter une cause plus grande de destruction. C'est celle qui résulte de ce principe qu'il nous sera permis d'appeler insensé autant que funeste : c'est que l'on doit offrir les portefeuilles, comme le prix de nos joutes parlementaires, à ceux qui triomphent dans ces luttes. »

« Il y a en France quatre-vingts et quelque petits parlements, les conseils généraux, qui somme toute gèrent fort convenablement les intérêts dont ils ont la charge. Supposez que vous fassiez une loi par laquelle vous édicterez que lorsque dans un conseil général l'administration aura été mise en minorité et qu'on aura rejeté une proposition préfectorale, le membre du conseil général qui aura cónduit l'opposition prendra la place du préfet. Supposez que l'art. 2 de votre loi porte qu'il sera loisible à ce membre de distribuer les hautes fonctions départementales à ses collègues, qu'il pourra ainsi disposer de la recette générale, des directions des contributions directes et indirectes, des sous-préfectures, que sais-je encore ? Je vous demande ce que deviendront nos intérêts départementaux dans les mains de telles assemblées, transformées ainsi tout-à-coup par une seule disposition légale. »

« Hé bien ! ce qui n'est pas bon pour les conseils généraux n'est pas excellent pour les députés. Nous ne sommes pas meilleurs que les conseillers généraux et, quelque vertueux que nous soyons, quelque désintéressés que nous puissions être, il est toujours plus sage de ne pas exposer la vertu des hommes à des tentations aussi périlleuses que celles qui résultent de l'appât du pouvoir...... »

« Ainsi les conséquences de l'instabilité ministérielle, l'impossibilité d'avoir un programme de politique à l'intérieur et à l'extérieur sont déplorables et elles éclatent aujourd'hui aux yeux de tous ceux qui veulent y réfléchir, au point que ce spectacle impose aux plus modérés la pensée que la révision sera, dans un temps prochain, le salut...., une révision tendant à rendre les institutions de ce pays appropriées au système de liberté publique et de démocratie dont la France, dans l'avenir, ne saurait plus se séparer et qui lui est comme un programme définitivement acquis (1). »

(1) Discours prononcé à la Chambre des Députés, par M. ANDRIEUX, le 5 mars 1883.

IV.

Des citations qui précèdent et que nous pourrions multiplier à l'infini, il résulte bien que l'Union Américaine, fille de l'Angleterre, avait songé à ses débuts à adapter à ses mœurs démocratiques les institutions anglaises. C'est après de mûres réflexions qu'elle s'est décidée à adopter le système actuel qu'on pourrait appeler le système français, Montesquieu l'ayant le premier préconisé et fait connaître au monde, et par lequel les trois pouvoirs exécutif, législatif et judiciaire se font un mutuel contre-poids.

Aux termes de la Constitution américaine, le Congrès, comprenant un Sénat qui représente les différents États comme autant de personnes distinctes et une Chambre des députés qui représente directement le peuple, a seul l'initiative et la confection des lois.

Le Sénat est nommé pour six ans, au scrutin de liste, par la législature de chaque État, à raison de deux sénateurs par État, âgés de 30 ans au moins, et se renouvelle par tiers tous les deux ans.

La Chambre des députés est élue pour deux ans par le suffrage universel direct, parmi les citoyens ayant 25 ans accomplis, et se renouvelle intégralement tous les deux ans.

La Chambre des députés a le droit, dans certains cas, d'intenter une accusation (*impeachment*) contre le Président de la République, les ministres ou les principaux fonctionnaires, qui sont alors jugés par le Sénat. En ce cas, le Sénat est présidé, non par le vice-président des États-Unis, son président ordinaire, mais par le Grand-

Juge, président de la Cour suprême et chef du pouvoir judiciaire.

Ni le Sénat ni la Chambre des députés ne peuvent être dissous. Tous les *bills* établissant des impôts doivent être votés d'abord par la Chambre des représentants. Le Sénat peut y concourir par des amendements comme aux autres bills (1),

Le pouvoir exécutif est confié pour quatre ans par la loi constitutionnelle à un citoyen qui porte le titre et exerce les fonctions de Président des États-Unis et qui est rééligible (2). Il doit être âgé d'au moins trente-cinq ans. Pour son élection, chaque État nomme un nombre d'électeurs égal au nombre total de sénateurs et de députés que l'État envoie au Congrès (3). Il est donc, dans la forme, l'élu du suffrage universel au second degré ; mais en fait, il est bien le produit du suffrage universel direct , ses électeurs proprement dits recevant tous des électeurs primaires un mandat impératif pour la désignation du président. Son élection et celle du vice-président ont lieu en même temps et de la même manière.

En cas de révocation, de mort, de démission ou d'inhabileté légalement constatée du Président, le vice-président remplace celui-ci et achève son mandat en prenant lui-même le titre de Président.

Le Président des États - Unis est le chef réel et responsable du pouvoir exécutif, le commandant en chef de l'armée et de la flotte. Il a le droit de grâce,

(1) *Constitution des États-Unis.* Art. 1, Sect. 7.

(2) On sait que, dans la pratique, il n'a jamais été réélu plus d'une fois. Grant chercha en vain à changer cet usage.

(3) *Constitution des Etats-Unis,* Art. 2, Sect. 1.

excepté en cas de mise en accusation par la Chambre des représentants. Il peut faire des traités avec l'approbation des deux tiers des sénateurs. De l'avis et du consentement du Sénat, il nomme les ambassadeurs, les autres ministres publics, les consuls, les juges des Cours suprêmes et d'autres hauts fonctionnaires (1). Ses ministres ne peuvent être en même temps membres du Parlement, n'y ont pas entrée (2) et, une fois nommés par lui avec le consentement du Sénat, ne dépendent que du Président.

L'action du Président sur le pouvoir législatif s'exerce : 1º par les messages qu'il a le droit et le devoir d'adresser de temps en temps aux Chambres pour recommander telle ou telle mesure, et dont le Parlement tient tel compte qu'il juge à propos ; 2º par le *veto* suspensif dont il est armé sous certaines conditions et qui lui permet, quand une nouvelle loi lui parait mauvaise ou dangereuse pour le pays, d'appeler sur cette loi une nouvelle délibération du Congrès. Alors, pour que la loi passe quand même, il faut qu'elle soit votée de nouveau par chacune des deux Chambres à une majorité des deux tiers des voix.

Les amendements à la Constitution, lorsqu'ils ont été ou votés par le Congrès à la majorité requise des deux tiers des voix, ou proposés par les deux tiers des législatures des États et votés alors par une convention spécialement convoquée, ne sont pas soumis au *veto* du Président,

(1) *Ibidem,* Sect. 2.

(2) Il a cependant paru utile et nécessaire que les ministres fussent tenus au courant du travail législatif et mis à même de donner leur avis au moment de la confection des lois. Pour ce double motif, dans la pratique, les ministres sont en rapports constants avec les comités permanents des deux Chambres, institués pour correspondre administrativement avec les différents départements ministériels.

mais à la souveraineté nationale elle-même, sous forme de ratification par les législatures des trois quarts des États de l'Union (1).

Le pouvoir judiciaire, dans sa plus haute expression, est confié à une Cour suprême qui n'est pas le produit de l'élection, mais dont les membres sont désignés par le concours des deux grands pouvoirs élus, en ce sens que le Président a besoin du consentement du Sénat pour les appeler à leur poste. Une fois nommés ils sont inamovibles.

La Cour suprême est la cour d'appel et de cassation des cours fédérales. Elle a le pouvoir d'interpréter et même de déclarer inconstitutionnels les actes du Président et du Congrès, ainsi que ceux des différents États, et d'arrêter les usurpations possibles des uns et des autres. Sa juridiction s'étend d'une manière générale à toutes les causes, en matière de lois et d'équité, qui sont sous l'empire de la constitution, des lois des États-Unis et des traités faits sous leur autorité; à toutes celles concernant des ambassadeurs, d'autres ministres publics ou des consuls, et à toutes celles de l'amirauté ou de la juridiction maritime (1).

Voyons ce qu'il pourrait y avoir à prendre et à laisser dans la constitution américaine.

Il ne peut être question, bien entendu, dans notre vieille France, fière de son unité nationale, d'instituer une fédération d'États armés de droits souverains comme ceux de l'Union. Nous laisserons à l'unité française, qui a été la grande œuvre de nos pères et dont nous bénéficions aujourd'hui, toute son intensité et tous ses heureux effets.

<hr>

(1) *Constitution des États-Unis*, Art. 5.
(2) *Ibidem*, Art, 3. §. 2.

Mais la séparation des trois pouvoirs législatif, exécutif et judiciaire, quoiqu'elle n'ait pas encore été sérieusement appliquée chez nous, a été de tout temps, comme nous venons de le voir, reconnue indispensable par les meilleurs esprits, à commencer par le français Montesquieu. En cette matière comme en tant d'autres, c'est l'étranger et non la France qui a profité jusqu'ici de l'application des idées françaises.

Le suffrage universel est à la base de nos institutions et y restera. Sans doute le suffrage universel ne peut avoir la prétention d'être infaillible, pas plus que toutes les autres institutions humaines; il peut même se tromper ou être trompé grossièrement. Il lui faut donc un adjuvant, un guide. Mais quel sera-t-il? Nous ne lui en connaissons pas d'autre légitime qu'une saine et forte éducation nationale.

Les trois pouvoirs ne peuvent être considérés que comme des délégations directes ou indirectes du suffrage universel, c'est-à-dire de la souveraineté nationale dont le dépôt reste dans le peuple. Chacun de ces pouvoirs doit avoir son rôle bien déterminé et se trouver dans l'impossibilité d'en sortir. Chacun d'eux doit être à peu près complètement indépendant des deux autres, ce qui assure son action, et pourtant assez contenu par eux pour que les ambitions particulières se sentent limitées et soient forcées de tourner au bien commun.

Mais, dira-t-on, n'y aura-t-il pas toujours parmi nous des hommes à qui tous les moyens seront bons pour arriver à la renommée et à la puissance et qui n'aspireront à l'une et à l'autre que pour pouvoir satisfaire leurs appétits les plus vils ? Croit-on que la séparation des pouvoirs fera disparaître la caste de ceux qui sont appelés de l'autre côté de l'Atlantique du nom méprisé de *politi-*

cians ? Non certes, mais la Constitution américaine est telle que le mal que peuvent faire les politicians est limité dans la mesure du possible, tandis que l'action d'un homme jugé bon et de sens droit est immense aux Etats-Unis. Qu'on se rappelle l'influence considérable exercée par le président Lincoln, celui que ses concitoyens appelaient « l'honnête Abe », dans la question de l'abolition de l'esclavage.

Les Américains jouissent d'une grande stabilité gouvernementale, malgré la faiblesse relative du pouvoir central vis-à-vis de ceux des Etats, inconvénient auquel ce pouvoir n'est pas exposé dans notre France unifiée et unitaire. Les Chambres ne peuvent être dissoutes et sont par conséquent certaines d'aller jusqu'au bout de leur mandat. Le ministère une fois accepté par le Sénat dure aussi longtemps qu'il plaît au Président, et le Président lui-même, pourvu qu'il se renferme dans le rôle qui est sa raison d'être, celui d'exécuteur fidèle des lois définitivement votées par le Congrès, a quatre ans de tranquillité devant lui. Quant à la Cour suprême, gardienne de la Constitution et de la Justice, elle remplit sa haute mission avec toute l'indépendance que donne l'inamovibilité. C'est ainsi que les Américains sont arrivés à cet équilibre que nous cherchons vainement.

Si nous voulons en France sortir de l'impasse parlementaire dans laquelle notre république est acculée et presque en danger de périr, il nous parait nécessaire d'y établir sérieusement la séparation des pouvoirs en les organisant à peu près de la manière suivante :

1° Le pouvoir législatif demeurerait confié à un Parlement divisé comme aujourd'hui en deux branches : Un Sénat élu au scrutin de liste par les élus du suffrage universel dans chaque département (il resterait par conséquent le produit du suffrage universel au second degré);

une Chambre des députés élue au scrutin uninominal (auquel nous croyons qu'on fera bien de revenir) par le suffrage universel direct. Le Sénat continuerait d'être élu pour neuf ans et renouvelable par tiers tous les trois ans. La Chambre des députés pourrait être élue pour quatre ou cinq ans et renouvelée tous les ans par quart ou par cinquième, ce qui nous semble beaucoup plus rationnel et bien moins dangereux qu'un renouvellement intégral. En cas de changement dans les idées de la nation, la transition serait ainsi beaucoup mieux ménagée. *Natura non facit saltus,* a dit le naturaliste Linné avec infiniment de raison ;

2° L'exercice réel du pouvoir exécutif serait remis par le suffrage universel au Président de la République élu pour quatre ou cinq ans et rééligible une seule fois, six mois avant l'expiration de son mandat, ou élu comme aujourd'hui pour sept ans, mais non immédiatement rééligible. Le motif qui pourrait pousser à préférer ce second parti, c'est qu'on éviterait ainsi l'inconvénient qui se produit aux Etats-Unis, où la dernière année du premier mandat de chaque Président est considérée comme administrativement mauvaise, parce que le Chef de l'Etat est souvent amené, par la possibilité d'être réélu, à trop subordonner ses décisions à l'intérêt de cette réélection possible.

Le Président aurait la pleine responsabilité de ses actes et par conséquent dirigerait lui même ses ministres, qui ne pourraient être en même temps sénateurs, députés ou juges.

Le Sénat devrait toutefois approuver les nominations ministérielles faites par le Président, et celles des plus hauts fonctionnaires dépendant du pouvoir exécutif, tels que les ambassadeurs et ministres plénipotentiaires, les directeurs dans les ministères, les amiraux et vice-ami-

raux et les généraux de division. Cette dernière précaution nous paraît indispensable en France, où nous ne
pouvons nous passer, à cause des belliqueux voisins qui
nous entourent, d'une armée permanente très-nom-
breuse : grand danger pour la liberté si cette armée était
subordonnée, sans aucun contrôle, à un pouvoir exécutif peu scrupuleux de la légalité. Les descendants des
familles régnantes resteraient en outre expressément
exclus, dans les trois pouvoirs, des fonctions touchant
la politique et par dessus tout des fonctions présiden-
tielles. Car si l'on commettait la faute capitale de confier encore, comme en 1849, la présidence de la République à un prétendant avéré ou possible, les pré-
cautions ci-dessus, qu'on le sache bien, et toutes autres
qu'on pourrait imaginer seraient absolument dérisoires.
Soit dit sans vouloir attaquer aucunement l'honorabilité
personnelle de nos anciens princes, après tout ce que
nous avons déjà vu, il serait par trop naïf de confier la
garde des institutions républicaines à des hommes in-
téressés, eux et leurs partisans, à faire disparaître celles-ci
au profit de leur propre élévation.

C'est aussi d'accord avec le Sénat que le Président
procéderait à la nomination des membres de la Cour
suprême de la République et des Juges en général,
Il ferait des traités de paix avec le consentement obli-
gatoire, non pas des deux tiers du Sénat, comme aux
États-Unis, mais plus logiquement et plus raisonnable-
ment avec le consentement de la majorité absolue des
deux Chambres. D'une part, dans nos mœurs, l'assen-
timent d'une seule des deux branches de la législature
ne peut guère, en matière de traité, pas plus qu'en
matière de législation ou d'impôts, dispenser le Président
d'obtenir aussi celui de l'autre branche. D'autre part,
il est bizarre qu'aux États-Unis l'opposition d'un tiers

plus un des sénateurs, quand il s'agit de signer un traité de paix, puisse paralyser la volonté des deux autres tiers de l'Assemblée, même unie à celle du pouvoir exécutif. Ce serait une dangereuse anomalie que nous n'avons aucune raison d'implanter chez nous.

Un vice-président de la République, élu en même temps que le Président, serait appelé à achever son mandat en cas de décès prématuré, de démission, de déposition ou d'inhabileté légalement constatée de celui-ci. En attendant, il serait de droit le président du Sénat, qui continuerait à nommer le reste de son bureau comme de nos jours.

3° Le pouvoir judiciaire, dans sa plus haute expression, serait délégué par les deux autres pouvoirs élus, au nom de la nation et en vertu d'une commission délivrée par le Président de la République, à une Cour suprême qui remplacerait notre Cour de cassation et serait instituée sur le modèle de celle des États-Unis, quoique forcément plus nombreuse que cette dernière. Elle posséderait en effet toutes les attributions de la Cour de cassation actuelle, outre qu'elle serait dotée, pour les affaires les plus importantes et notamment pour toutes les condamnations capitales, d'un pouvoir de révision qui en ferait notre suprême juridiction d'appel. En outre, elle serait revêtue d'une autorité politique qui lui permettrait de se prononcer souverainement et comme un tiers-arbitre dans les conflits entre le pouvoir législatif et le pouvoir exécutif, entre les deux branches du premier pouvoir, et en dernier ressort dans tous les procès entre l'État et le Département, entre les Départements, entre l'État ou le Département et les particuliers.

Il n'y aurait plus de raison pour maintenir, en face de ce nouvel ordre de choses, la juridiction exceptionnelle du Conseil d'État, en vertu de laquelle les fonctionnaires de l'ordre administratif, par une étrange confusion de pouvoirs, sont en même temps juges et parties (1). Les Cours d'appel et les tribunaux ordinaires, de leur côté, reprendraient les attributions qui leur ont été enlevées par nos lois au profit des Conseils de préfecture.

Il est bien entendu que les magistrats de la Cour suprême, des Cours d'appel et des tribunaux de première instance seraient, comme de nos jours, inamovibles et susceptibles seulement de révocation dans certains cas bien déterminés, comme ceux de forfaiture ou d'indignité par exemple.

La Chambre des députés aurait le droit d'accuser le Président ou les ministres devant le Sénat, qui serait présidé alors par le grand Juge, chef de la Cour suprême, dans les cas d'incapacité reconnue ou de haute trahison.

Le Président, pour arrêter l'effet des lois ordinaires que lui enverrait le Parlement, lorsqu'elles lui paraîtraient dangereuses ou funestes, aurait un *veto* suspensif qu'il pourrait exercer dans un délai déterminé. Dans ce cas, le Parlement ne pourrait vaincre sa résistance que par une majorité des deux tiers des voix dans chaque Chambre, proportion la plupart du temps suffisante pour préserver la nation contre les coups de majorité parfois irréfléchis du Parlement. Le Président resterait

---

(1) M. E. BOUTMY, adversaire des institutions américaines, dit pourtant, dans ses *Études de Droit constitutionnel,* (*Paris,* Plon, 1885,) : « En France, l'intempérance législative et réglementaire du Parlement et des pouvoirs publics, l'existence, l'activité exagérée d'une *justice administrative* où l'État figure comme juge et partie, sont les deux faits qui accusent le plus sûrement un penchant à subordonner et à humilier l'intérêt ou les libertés privées et à fonder le despotisme consciencieux de l'intérêt public. L'Angleterre et, dans la sphère fédérale, les États-Unis ont moins souffert que nous des premiers de ces maux, ils ont échappé au second. »

aussi en possession du droit de grâce, vis-à-vis de l'autorité judiciaire, mais jamais dans les cas de mise en accusation par la Chambre des députés. Il n'aurait d'ailleurs aucun droit de dissoudre le Parlement, tout conflit entre le pouvoir législatif et le pouvoir exécutif devant être dénoué pacifiquement par la Cour suprême.

Tout amendement à la Constitution, après avoir rallié dans chacune des deux Chambres une majorité des deux tiers des voix, devrait être ratifié par le suffrage universel. Celui-ci serait consulté dans chaque département à l'aide d'une procédure imitée, non pas de celle des États-Unis, mais plus commodément de celle du *referendum,* dans les cantons suisses. Pour que les départements les plus peuplés ne pussent être soupçonnés de vouloir, en se coalisant, étouffer la voix des autres, la majorité des départements, ainsi consultée, devrait être favorable à la réforme proposée, indépendamment de la majorité des électeurs qui devrait être lui acquise pour toute la France.

Ainsi plus d'usurpation possible de la souveraineté nationale. De plus les trois pouvoirs, vraiment indépendants et distincts, chacun dans sa sphère, se pénétreraient cependant assez pour se contrôler efficacement l'un par l'autre.

On sent combien, dans ce système, le choix de juges éclairés et impartiaux pour la Cour suprême serait d'une haute importance. Il nous semble que l'accord sur ce point du pouvoir exécutif et du sénat donnerait bien des garanties.

Les Départements, considérés comme personnes morales, acquerraient de leur côté toute l'importance politique qu'on peut leur donner actuellement, sans toucher à notre précieuse unité française. Ce serait, en un mot, la décentralisation appliquée à la politique dans la limite de ce qui est chez nous raisonnable et possible.

Nous ne devons pas oublier de dire un mot du Conseil d'État. Cette assemblée purement administrative, entièrement dépouillée de ses attributions judiciaires qui sont un non-sens, pourrait être utilement conservée comme Conseil du Président et de ses ministres et comme une pépinière de fonctionnaires. Le pouvoir législatif aurait aussi la faculté de s'aider de ses lumières et de son expérience pour l'étude, la préparation et la rédaction des lois. Il lui suffirait pour cela de pouvoir appeler dans ses commissions et dans ses comités permanents, non-seulement les ministres, mais les conseillers d'État, avec le consentement des premiers, en leur donnant seulement voix consultative (1).

Le nombre des ministres, qui n'auraient plus à gaspiller leur temps en bavardages et en controverses le plus souvent stériles, pourrait être réduit. Aux États-Unis, pour une nation de cinquante millions d'hommes, six ministres suffisent. L'institution des sous-secrétaires d'État, qui n'a d'autre utilité aujourd'hui que d'être un

(1) Un écrivain politique distingué, M. Emile de Lavelaye, se plaint qu'aux États-Unis l'initiative et la législation aient été enlevées peu à peu au Congrès, au moins dans la Chambre des députés, parce qu'elles appartiendraient, de nos jours, à quarante-sept comités permanents que nomme lui-même le Président de la Chambre et qui trancheraient les questions de telle sorte que la discussion, en séance, serait souvent impossible. Le remède serait de décider, comme le demande M. de Lavelaye, que les comités seront élus par l'Assemblée elle-même et n'auront pas d'ailleurs le pouvoir d'étouffer la discussion (E. DE LAVELAYE. *La forme nouvelle du gouvernement aux États-Unis et en Suisse.* Revue des Deux Mondes, 1er octobre 1886, p. 649).

Il faudrait stipuler, si l'on formait des comités correspondant aux différents départements ministériels, que tout député devra nécessairement être classé dans ces comités, comme cela a lieu à Washington, ce qui, entre autres grands avantages, aurait celui de forcer la majorité à faire aux minorités leur place.

appât de plus aux convoitises parlementaires, disparaîtrait.

Le ministère public, chargé de représenter l'État devant les tribunaux, aurait pour chef le Procureur général à la Cour suprême, nommé et révocable par le Président de la même manière que les ministres, mais qui ne pourrait, dans aucun cas, usurper le titre de Juge ou de grand Juge, ni contre-signer les nominations judiciaires, lesquelles seraient faites directement par le Président d'accord avec le Sénat.

V.

Si nous n'avons pas la sagesse d'adopter quelque combinaison dans le genre de celles qui précèdent, il est à craindre que nous ne demeurions, cent ans après la Révolution française, dans l'impossibilité de fonder un gouvernement durable. Nous avons à redouter de rester ballottés sans cesse entre des Républiques mal assises, des essais de monarchie parlementaire mort-nés et des dictatures aussi brutales que passagères, jusqu'au jour où l'étranger croirait pouvoir intervenir dans nos affaires et se ferait une proie facile de notre patrie perpétuellement divisée.

Rappelons-nous le sort de la malheureuse Pologne, dotée, elle aussi, d'institutions qui la vouaient fatalement à l'anarchie. Pendant que ses voisins s'organisaient et se fortifiaient, elle dépensait toute son activité en discussions stériles et quand elle reconnut les erreurs de sa Constitution, ce fut l'étranger qui, devenu plus maître qu'elle dans sa propre capitale, intervint pour la forcer à garder ce qui devait consommer sa perte (1).

Or nous mêmes, depuis 1871, après avoir déjà subi un premier démembrement, n'avons-nous pas perdu quinze ans à tourner sur place, sans aboutir ? Nous avons encore aujourd'hui la pleine liberté de nos mouvements à l'intérieur. Qui sait si nous l'aurons demain ?

Pendant que la majorité des deux Chambres est acquise à la République, le Congrès pourrait se réunir à Versailles et y accomplir enfin l'œuvre sérieuse qu'il n'a pu même entreprendre il y a deux ans. Cette œuvre, il devient dangereux de l'ajourner plus longtemps. Le gâchis parlementaire est à son comble, et la nation, visiblement, s'en fatigue. D'ailleurs les Constitutions, a dit excellemment Royer Collard, « ne sont pas des tentes dressées pour le sommeil. »

La principale difficulté, nous ne nous le dissimulons pas, sera de faire renoncer nos parlementaires à la périlleuse tentation d'être à la fois législateurs et ministres. Le monde entier sait que nous sommes avant tout un peuple de parleurs : mais que ceux-ci se rassurent. Si l'administration gagne considérablement à se trouver entre les mains d'hommes pratiques, dispensés de chercher nuit et jour des phrases à effet, on peut être assuré que la véritable éloquence parlementaire, si chère

----

(1) On sait que Poniatowski et les princes Czartoriski ne purent, à cause de l'opposition des puissances co-partageantes, parvenir à supprimer le *liberum veto*, cette disposition absurde qui mettait toutes les décisions de la diète à la discrétion du veto d'un seul de ses membres. La constitution de 1791, qui organisait avec sagesse les pouvoirs législatif, judiciaire et exécutif, arriva trop tard ! Les impitoyables voisins de la Pologne en prirent prétexte pour l'envahir encore et la rayer de la carte des nations parce que, disaient leurs manifestes, les auteurs de cette constitution s'y montraient imbus des principes de la révolution française.

aux descendants des vieux Gaulois, n'y perdra rien. Le recueil des beaux discours prononcés par nos orateurs devant les Chambres n'aura pas moins de valeur aux yeux des citoyens, parce que leurs auteurs auront l'esprit plus libre de convoitises ministérielles: bien au contraire. Tout le monde s'en trouvera mieux, et si quelque grosse question du jour, comme celle de la protection ou du libre-échange, celle des tarifs ou celle de la réforme des impôts, par exemple, continue à frapper à notre porte, le parlement pourra l'étudier dans de bien meilleures conditions quand on saura que, quelles que soient les mesures discutées et adoptées par lui, la marche régulière du pouvoir exécutif n'en sera pas troublée.

Sans doute nous n'empêcherons pas plus que par le passé certains politiciens de bas étage, de forcer comme par surprise l'entrée du Parlement. Mais cette minorité bruyante cessera d'exercer sur les ministres, devenus indépendants des Chambres, une intimidation désastreuse. Il lui faudra d'abord convaincre la majorité et même une majorité des deux tiers si le pouvoir exécutif ne partage pas ses vues. Les réformes longtemps méditées seront les seules possibles, les bouleversements et l'arbitraire ne le seront plus. Le pays, pleinement rassuré dès lors, se prendra d'une affection bien plus vive pour la République à laquelle il s'est montré si fidèle lors des récentes élections pour les Conseils généraux, et qui seule, sous le règne de la démocratie, peut lui assurer le bienfait du progrès régulier et pacifique et de la liberté sous les lois.

Si, comme nous le croyons, le régime républicain doit rester implanté définitivement en France, il n'est pas douteux pour nous qu'on ne soit de plus en plus frappé des déplorables effets du régime parlementaire tel qu'il fonctionne actuellement , et qu'on n'en arrive à réaliser dans notre mécanisme gouvernemental des réformes comme celles que nous indiquons. Nous faisons des vœux pour qu'au jour où la grande majorité des français reconnaîtront la nécessité de les effectuer, il ne soit pas trop tard. Pour nous, en cherchant dès à présent à en faire sentir l'urgence à nos concitoyens, nous ne sommes guidé que par le sentiment du devoir. Mieux vaut pour la République procéder à une révision sérieuse de la Constitution dans laquelle l'ont couchée les monarchistes eux-mêmes, comme dans un lit de Procuste, que d'y périr misérablement étouffée.

Décembre 1886.